EL LIBRO DE

Plataforma Editorial

Este no es un libro como los demás; es único, especial y variopinto, igual que tú.
Los "grandes acontecimientos" del mundo son igual de importantes que lo que tú recuerdas de las diferentes épocas.
Las reflexiones de los grandes pensadores se ponen al lado de tus opiniones y pensamientos.
La variedad de estilos de este libro refleja la variedad de tus vivencias.
Es un libro interactivo tanto para mujeres como para hombres; las señoras perdonarán que hayamos usado la forma gramatical masculina.

Instrucciones de uso

1. Pasarlo bien, divertirse, no tomárselo todo tan en serio, pasar un rato de "buen rollo".
2. Se puede "hacer" solo o con amigos o familiares.
3. No es obligatorio seguir el orden de las páginas. Rellena las que te inspiren en cada momento.
4. No te cortes, escribe lo que piensas.
5. Al principio hay unas poquitas páginas para que escriba quien te regala este libro. Si quiere dedicarte más páginas, las encontrará disponibles al final del libro.
6. En algunos lugares se han dejado espacios para pegar fotos tuyas en diferentes momentos de tu vida. Si quieres adornar el libro con dibujos, etc., recuerda: es tuyo.
7. Las "cronologías" intercaladas nos recuerdan algunas cosas relevantes que pasaron "por ahí". Siguen su orden lógico, pero los apartados que vienen detrás de ellos (p. e., "¿Recuerdas lo que costaba?") no se limitan necesariamente a esa época.

Dedicatorias cortas

Dedicatorias cortas

Buscando

una sola palabra

sobre...

tus intereses

....

tu estilo de vestir

....

tus manías

....

tu estilo de vida

....

tus amistades

....

tu trabajo

....

tus gustos con la comida

....

Tus características se merecen una nota

atrevido reservado

1 10

serio alegre

1 10

anticuado moderno

1 10

inútil manitas

1 10

escandaloso — discreto

1 10

quejica — fuerte

1 10

soñador — realista

1 10

ingenuo — listo

1 10

En mi opinión, esto es lo que serías **si fueras...**

un animal

....

un vehículo

....

una comida

....

un instrumento musical

....

una canción

....

una planta

....

un color

....

un libro

....

Para decirlo en una frase

Lo que más me gusta de ti

Mi primer recuerdo de ti

Mi mejor momento contigo

Lo que te deseo

... y ahora te toca a ti.

Las páginas que siguen son una ocasión para que reflexiones durante un rato sobre tu historia personal, lo que has vivido y lo que eres, cómo ves tu mundo y tu vida.

Una ocasión para recordar todo aquello que vale la pena haber vivido, y todo lo bueno que te queda por delante.

¡Pásatelo bien!

El lema de mi vida

Los días pueden ser iguales para un reloj, pero no para un hombre.

MARCEL PROUST

La memoria es el perro más estúpido, le tiras un palo y te trae cualquier cosa.

RAY LORIGA

Todavía pienso en mí mismo como lo que era hace 25 años. Entonces me miro en un espejo y veo un viejo cabrón y me doy cuenta de que soy yo.

DAVE ALLEN

La edad es estrictamente un caso de la mente sobre la materia. Si no te importa, no importa.

JACK BENNY

El tiempo es muy lento para los que esperan, muy rápido para los que temen, muy largo para los que sufren, muy corto para los que gozan; pero para quienes aman, el tiempo es eternidad.

WILLIAM SHAKESPEARE

Es un error grave mirar al pasado con los ojos del presente.

ARTURO PÉREZ-REVERTE

El cerebro se inventó para salir de casa y la memoria para volver a casa.

JORGE WAGENSBERG

La duración de un minuto depende del lado de la puerta del baño en que te encuentres.

ANÓNIMO

El tiempo es la divisa de tu vida. Es la única divisa que tienes, y solo tú puedes determinar cómo será gastada. Sé cuidadoso y no permitas que otras personas la gasten por ti.

CARL SANDBURG

ASÍ EMPEZÓ TODO

Mi primera infancia

QUIÉNES ÉRAMOS EN CASA

Mis padres

____

Mis hermanos

____

Los abuelos

____

Teníamos una mascota

____

Nuestra calle se llamaba

____

Nuestros vecinos

____

Amigos de mis padres

____

Con quién más jugaba

____

Asesinato del líder negro Malcolm X en Nueva York.

El cosmonauta Alexéi Leónov realiza el primer "paseo espacial".

Llegan los primeros cuatro mil soldados norteamericanos que participarán en la guerra de Vietnam.

La Revolución Cultural abre el capítulo más sangriento de la historia china.

El atleta Mariano Haro gana la Copa de Europa de las Naciones.

Indira Gandhi asume el cargo de primera ministra de la India y Golda Meir de Israel.

Se estrenan *Doctor Zhivago, 2001: Una odisea del espacio* y *El planeta de los simios.*

Guerra de los Seis Días entre Israel y sus vecinos árabes.

Muere Walt Disney.

En Palomares, Almería, caen cuatro bombas atómicas tras el choque de dos aviones norteamericanos en vuelo.

Una operación de la CIA acaba en Bolivia con la vida del Che Guevara.

Se celebra el Festival de Woodstock.

El sudafricano Christiaan Barnard realiza el primer transplante de corazón.

En Checoslovaquia estalla la “Primavera de Praga”.

Muhammad Ali pierde el título de campeón mundial de boxeo por su negativa a incorporarse a las fuerzas armadas de su país en plena guerra de Vietnam.

Gabriel García Márquez publica *Cien años de soledad*.

Asesinan a Martin Luther King y a Robert Kennedy.

Neil Armstrong se convierte en el primer hombre que pisa la Luna.

Los Beatles publican su *White Album*.

"I have a dream."
(Tengo un sueño)
MARTIN LUTHER KING

y YO en aquella época

pega aquí tu foto

aquí estoy con ....

en ....

AMIGOS, AMIGAS, COMPAÑEROS y lo que ha sido de ellos

Mi primer amigo del cole/Mi primera amiga

Mis compañeros inseparables de estudios

Los primeros compañeros de trabajo

Mis mejores amigos de toda la vida

Con quién NO me llevaba bien

¿Qué ha sido de todos ellos?

Y con estos tendré que volver a contactar

Cambiad de placeres, pero no cambiéis de amigos.

VOLTAIRE

El victorioso tiene muchos amigos;
el vencido, buenos amigos.

PROVERBIO MONGOL

¡Dios me libre de enemistades de amigos!

LOPE DE VEGA

La amistad acaba a menudo en amor, pero el amor no termina nunca en amistad.

CHARLES CALEB COLTON

Un amigo es aquel que sabe todo de ti, y sin embargo sigue siendo tu amigo.

KURT COBAIN

Nuevos amigos, nuevos dolores.

WOLFGANG AMADEUS MOZART

Cada amigo representa un mundo dentro de nosotros, un mundo que tal vez no habría nacido si no lo hubiéramos conocido.

ANAÏS NIN

Cada nuevo amigo que ganamos en la carrera de la vida nos perfecciona y enriquece más aún por lo que de nosotros mismos nos descubre que por lo que de él mismo nos da.

MIGUEL DE CERVANTES

La amistad no necesita palabras.

DAG HAMMARSKJÖLD

No hay nada más peligroso que un amigo indiscreto; es a veces preferible un enemigo prudente.

JEAN DE LA FONTAINE

La amistad no se agradece, se corresponde.

ROBERTO BARRIOS PANIAGUA

Olivia Newton-John
John Travolta
El chófer del bus escolar
Mi maestro/mi maestra
Superman
Bruce Lee
Jane Fonda
Mi padre/mi madre
Michael Jackson
Conchita Velasco
Capitán América
Marie Curie
Suzi Quatro
Brigitte Bardot
Mi primo/mi prima
Twiggy
Miguel Ríos
Maradona

De mayor quería ser como...

Asigna un lugar en el podio de tu admiración a tus tres ídolos de toda la vida

Crisis del petróleo: la OPEP interrumpe el suministro de petróleo.

Let It Be
Los Beatles publican su último album y lo dejan.

El canciller de la RFA, Willy Brandt, se arrodilla en Varsovia en homenaje a las víctimas del nazismo.

En TVE dan BONANZA.

Tratado de paz entre Estados Unidos y Vietnam del Norte.

Cat Stevens publica el álbum *TEA FOR THE TILLERMAN*.

PELIS DEL 72:
El Padrino de Francis Ford Coppola.
El último tango en París.
Garganta profunda.
Todo lo que quiso saber sobre el sexo de Woody Allen.

Fallecen:
Jimi Hendrix,
Janis Joplin,
Jim Morrison.

En los Juegos Olímpicos de Múnich de 1972 el grupo terrorista palestino "Septiembre Negro" asesina a nueve atletas israelíes.

Richard Nixon se convierte en el primer presidente de Estados Unidos en presentar su dimisión, debido al "escándalo Watergate".

ABBA triunfa en Eurovisión con *Waterloo*.

El 11 de septiembre de 1973 el general Augusto Pinochet encabeza un golpe de Estado en Chile para derrocar al gobierno de Salvador Allende.

Sale al mercado la primera videoconsola casera, MAGNAVOX ODYSSEY.

Luis Carrero Blanco, presidente del gobierno de España, es asesinado por la organización terrorista ETA.

La Revolución de los Claveles acaba con la dictadura en Portugal.

"Cuando el poder del amor
sobrepase el amor al poder,
el mundo conocerá la paz."

JIMI HENDRIX

y YO en aquella época

pega aquí tu foto

aquí estoy con ....

en ....

Siempre hay una PRIMERA VEZ

La primera vez que fuimos a la playa/montaña

Mi primer baile

Mi primera corbata/Mis primeros zapatos de tacón

Mi primer amor secreto

Mi primer día en el trabajo

Mi primera experiencia con el ordenador

Mi primer viaje al extranjero

Las inolvidables Canciones de mi vida

De mi infancia

Del colegio

De las excursiones

De la tele

Una que cantaba mi madre

De la época de estudios

De los primeros bailes/guateques

La insoportable/La que acabé odiando

La de un recuerdo muy especial

Lo que les cantaba a mis hijos cuando eran pequeños

LO MÁX

La montaña más alta que he subido

____

El viaje más largo que he hecho

____

La persona más famosa que he conocido

____

La fiesta más larga a la que he asistido

____

El edificio más grande donde he entrado

____

El coche más caro en el que me he sentado

____

La persona más anciana que he conocido

____

El regalo más original que me han hecho

____

El mejor vino que he tomado

____

El restaurante más caro en el que he comido

____

Muere el general Franco, poniendo fin a casi cuarenta años de dictadura.

Marruecos moviliza la “Marcha Verde” para ocupar el Sáhara Occidental español.

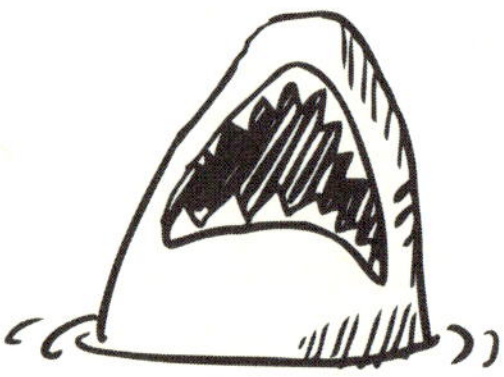

Estreno de *Tiburón*, el primer gran éxito de Steven Spielberg.

Sube al trono el rey Juan Carlos I, dando inicio a la Transición.

La madre Teresa de Calcuta recibe el Premio Nobel de la Paz.

Bill Gates y Paul Allen fundan Microsoft.

Estalla el “escándalo Lockheed”.

En Argentina un golpe de Estado instaura una sangrienta dictadura militar.

Steve Jobs crea Apple Computers.

Margaret Thatcher gana las elecciones en Gran Bretaña.

Primer vuelo comercial del Concorde.

En Irán triunfa la revolución islámica del ayatolá Jomeini.

Muere Elvis Presley, el "Rey del *Rock*".

Tragedia en el aeropuerto de Los Rodeos: el choque entre dos aviones provoca la mayor catástrofe aérea de la historia.

En Londres se forma el grupo punk Sex Pistols y en España triunfa Camilo Sexto con *Jesucristo Superstar.*

En televisión se estrenan las series *Raíces* y *Dallas*.

Adolfo Suárez asume la presidencia del gobierno de España.

1978, el año de los tres papas: Pablo VI, Juan Pablo I y Juan Pablo II.

Vicente Aleixandre recibe el Premio Nobel de Literatura.

España aprueba en referéndum la Constitución.

Se patenta el cubo de Rubik.

Rocky gana el Óscar a la mejor película.

"El ordenador nació para resolver problemas que antes no existían."

BILL GATES

Mis recuerdos de los años 70

Estudios

Música que escuchaba

Libros que leía

Personas que conocí en esa época

Lo más destacado en mi vida personal

¿RECUERDAS LO QUE COSTABA...

(marca la cifra correcta)

el SEAT 600 del año 1973?

89000 - 192.000 - 325.000 ptas.

el paquete de Ducados en 1980?

18 - 27 - 65 ptas.

una entrada de cine cuando estrenaban *En busca del arca perdida*?

150 - 300 - 425 ptas.

un litro de gasolina en 1990?

49 - 63 - 87 ptas.

un billete de metro en 1986?

50 - 70 - 105 ptas.

una entrada a un partido de fútbol de Primera División en 1992?

700 - 1.800 - 3.500 ptas.

un décimo de la lotería de Navidad del año 1977?

150 - 200 - 325 ptas.

un menú del día en 1982?

120 - 250 - 350 ptas.

una nevera en 1975?

11.000 - 19.500 - 34.000 ptas.

un ordenador de sobremesa en 1991?

22.000 - 90.000 - 290.000 ptas.

un piso en 1985?

1.500.000 - 3.500.000 - 7.250.000 ptas.

(para dudas consulta la página siguiente)

LO QUE COSTABA...

SEAT 600 en 1973: 89.000 pesetas (530 €).

Paquete de Ducados en 1980: 27 pesetas (0,16 €).

Entrada de cine cuando estrenaban *En busca del arca perdida* (1981): 150 pesetas (0,90 €).

Litro de gasolina en 1990: 87 pesetas (0,52 €).

Billete de metro en 1986: 50 pesetas (0,30 €).

Entrada a un partido de fútbol de Primera División: 3.500 pesetas (21 €) para un partido Atlético de Madrid-Tenerife en el Vicente Calderón en 1992.

Décimo de la lotería de Navidad del año 1977: 200 pesetas (1,20 €).

Menú del día en 1982: Unas 350 pesetas (2,10 €).

Nevera en 1975: 11.000 pesetas (66 €).

Ordenador de sobremesa en 1991: unas 290.000 pesetas (1.742 €).

Piso en 1985: un piso de 60 metros cuadrados costaba de media unos 3.500.000 de pesetas (21.000 €).

Hay muchas cosas en la vida más importantes que el dinero. Pero ¡cuestan tanto!

GROUCHO MARX

Al perro que tiene dinero se le llama señor perro.

PROVERBIO ÁRABE

El dinero no puede hacer que seamos felices, pero es lo único que nos compensa de no serlo.

JACINTO BENAVENTE

El dinero es mejor que la pobreza, aun cuando solo sea por razones financieras.

WOODY ALLEN

Quienes creen que el dinero lo hace todo, terminan haciendo todo por dinero.

VOLTAIRE

Esto sí que era música...

¿Cuál es para ti la mejor canción de los 70? Asigna los 5 primeros puestos

- O Yesterday, THE BEATLES
- O Himno a la alegría, MIGUEL RÍOS
- O Bridge Over Troubled Water, SIMON & GARFUNKEL
- O Mediterráneo, JOAN MANUEL SERRAT
- O Candle in the Wind, ELTON JOHN
- O Imagine, JOHN LENNON
- O Another Brick in the Wall, PINK FLOYD
- O Stairway to Heaven, LED ZEPPELIN
- O We are the Champions, QUEEN
- O Staying Alive, BEE GEES

- O Dancing Queen, ABBA
- O Let It Be, THE BEATLES
- O Libre, NINO BRAVO
- O A Whiter Shade of Pale, PROCOL HARUM
- O Hoy tengo ganas de ti, MIGUEL GALLARDO
- O Eres tú, MOCEDADES
- O Morning has broken, CAT STEVENS
- O ____________________
- O ____________________
- O ____________________
- O ____________________

CARNE

O PESCADO

Siempre he sido más de...

Mar ☐ Montaña ☐

Radio ☐ Tele ☐

Coche ☐ Moto ☐

Té ☐	Café ☐
Tren ☐	Avión ☐
Beatles ☐	Rolling Stones ☐
Cerveza ☐	Vino ☐
Verano ☐	Invierno ☐
Gato ☐	Perro ☐

Matanza en la embajada española en Guatemala.

Félix Rodríguez de la Fuente, pionero en España en la defensa de la naturaleza, fallece en un accidente de aviación en Alaska.

Nace la "Movida" madrileña.

Asesinan al arzobispo Óscar Romero mientras celebraba misa en San Salvador.

En Japón se estrena el juego PACMAN.

España reabre la verja de Gibraltar, que se cerró en 1969.

Lech Walesa y el sindicato Solidaridad inician las huelgas en Polonia.

Umberto Eco publica
El nombre de la rosa.

Un perturbado mental asesina a John Lennon en Nueva York.

Se estrena *En busca del arca perdida* y *Blade Runner.*

El actor de Hollywood Ronald Reagan gana las elecciones presidenciales de Estados Unidos.

Boicot de Estados Unidos a los Juegos Olímpicos de Moscú (la URSS boicoteará los de Los Ángeles cuatro años después).

Felipe González se convierte en presidente del gobierno.

Gabriel García Márquez recibe el Premio Nobel de Literatura.

Fracasa el intento de golpe de Estado del 23-F.

Espectacular atraco al Banco Central en Barcelona.

Un extraño síndrome tóxico provocado por aceite de colza adulterado intoxica a miles de personas.

IBM comercializa el primer PC.

El Mundial de Fútbol se celebra por primera vez en España.

Guerra de las Malvinas entre Argentina y Gran Bretaña.

En la India asesinan a Indira Gandhi y en Bhopal se produce una fuga química que mata a miles de personas.

"En los años ochenta va
a haber cada quince
minutos un nuevo futuro."

ANDY WARHOL

y YO en aquella época

pega aquí tu foto

aquí estoy con ....

en ....

De lo que más
DISFRUTO

Escuchar música

1 5 10

Leer

1 5 10

Ver un partido con mis amigos

1 5 10

Irme de viaje/salir de excursión

1 5 10

Navegar por Internet

1 5 10

¿Había algo más?

¿Te acuerdas de la canción del verano?

Aquí no hay Waka

Qué difícil es hacer el amor cuando vayas a la playa

Macarena sol

Aserejé yé-yé

Escuela de los pajaritos

Amigos para Eva María

No te olvides la toalla en un Simca 1000

Un rayo de playa

Chica Waka

Calor se fue

El baile de siempre

¡Cuántos veranos, cuántos chiringuitos de playa y cuántas canciones inolvidables, cada una con el recuerdo de un verano especial! Recuerdas todos esos títulos, ¿verdad? Pero míralos bien, con los años se han ido mezclando. Habrá que recomponerlos, seguro que sabes cómo eran en realidad.

(para dudas consulta la página siguiente)

CANCIONES DEL VERANO

1970	Un rayo de sol
1973	Eva María se fue
1981	El baile de los pajaritos
1984	Escuela de calor
1986	No te olvides la toalla cuando vayas a la playa
1988	Qué difícil es hacer el amor en un Simca 1000
1989	Aquí no hay playa
1990	Chica yé-yé
1992	Amigos para siempre
1996	Macarena
2002	Aserejé
2010	Waka Waka

En verdad, si no fuera por la música, habría más razones para volverse loco.

PIOTR ILICH CHAIKOVSKI

La música empieza donde se acaba el lenguaje.

E. T. A. HOFFMANN

La música es para el alma lo que la gimnasia para el cuerpo.

PLATÓN

La música es la voluptuosidad de la imaginación.

EUGÈNE DELACROIX

La música constituye una revelación más alta que ninguna filosofía.

LUDWIG VAN BEETHOVEN

Mis FAVORITOS de siempre

Mi profesor preferido

y el más temido por todos

Mi comida preferida de la infancia

y lo que no me gustaba

Mi serie de televisión preferida

____

Mi dulce favorito

____

Un personaje de tebeo

____

Uno que me hacía reír mucho

____

Mi libro favorito

____

Un aroma que me evoca algo especial

____

PARA MÍ LA MEJOR PELÍCULA DE LOS AÑOS 80 ERA

Blade Runner

En busca del arca perdida (Indiana Jones)

Regreso al futuro

Aterriza como puedas

Karate Kid

El nombre de la rosa

Superdetective en Hollywood

Paris, Texas

El club de los poetas muertos

RoboCop

El hombre elefante

Platoon

El resplandor

La jungla de cristal

La chaqueta metálica

E. T.

Tootsie

Rain Man

Aliens (El regreso)

Star Wars V - El imperio contraataca

Mijaíl Gorbachov es elegido presidente de la URSS.

Tragedia en el estadio de Heysel, en Bruselas, por una avalancha de aficionados poco antes de empezar la final de la Copa de Europa entre Liverpool y Juventus.

España firma el Tratado de Adhesión a la Comunidad Europea.

Se celebra el concierto Live Aid para reunir fondos contra el hambre en Etiopía.

Tragedia de Armero por la erupción del Nevado del Ruiz,Columbia.

Gari Kaspárov se proclama campeón del mundo de ajedrez.

Nintendo lanza *SuperMario Bros.*

El transbordador espacial Challenger estalla poco después de despegar.

Sergéi Bubka se convierte en el primer saltador de pértiga en superar los 6 metros.

En España se convoca un referéndum sobre la entrada en la OTAN.

Barcelona es elegida sede olímpica de 1992.

El cometa Halley realiza su última aparición en el siglo XX.

Se descubre un enorme agujero en la capa de ozono sobre la Antártida.

Platoon arrasa en los Óscar y abre el debate en Estados Unidos sobre el alcance de la guerra de Vietnam.

"Lunes negro" en Wall Street, que sufre la peor caída desde el *crack* de 1929.

Atentado de ETA en el Hipercor de Barcelona.

Camilo José Cela recibe el Premio Nobel de Literatura.

Pedro Delgado gana el Tour de Francia.

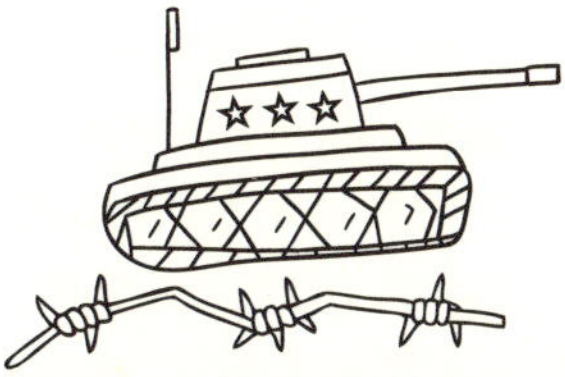

Revuelta de la plaza de Tiananmen en Pekín, que será ahogada en sangre.

Cae el Muro de Berlín, símbolo de la Guerra Fría.

Fallece Salvador Dalí.

"Queremos que la gente disfrute de prosperidad, bienestar y felicidad. Alcanzaremos esa meta si avanzamos hacia un mundo que esté libre de las armas nucleares y de la violencia."

MIJAÍL GORBACHOV

Mis recuerdos de los años 80

Estudios/trabajo

Actividades/aficiones

Libros que leía

Personas que conocí en esa época

Lo más destacado en mi vida personal

RECUERDOS DE LA P♥ MILI

Reemplazo

Centro de Instrucción

Unidad de destino

Población

Rango alcanzado

Mis compañeros

... pasan a la siguiente página

Mis superiores

Los permisos

Los arrestos

Las guardias

Novatadas y otras anécdotas

pega aquí tu foto

aquí estamos

Mi historia de amor más grande de todos los tiempos

(Elige tres)

- ○ *Romeo y Julieta*
- ○ *Cumbres borrascosas*
- ○ *Doctor Zhivago*
- ○ *Lo que el viento se llevó*
- ○ *Orgullo y prejuicio*
- ○ *Cyrano de Bergerac*

- ○ *Locura de amor*
- ○ *Love Story*
- ○ *Casablanca*
- ○ *Pretty Woman*
- ○ *Titanic*
- ○ *La Bella y la Bestia*
- ○ *Leyendas de pasión*
- ○ *Anna Karenina*
- ○ *Madame Bovary*
- ○ *Los puentes de Madison*
- ○ ______________________

¿RECUERDAS QUIÉN DIJO?

(Las iniciales te ayudarán a recordar los nombres)

"Es un pequeño paso para un hombre, pero un gran salto para la humanidad. N A

Algo huele a podrido en Dinamarca. H

Era la mano de Dios. D A M

Voy a hacerle una oferta que no podrá rechazar. E P

España va bien. J M A

A Dios pongo por testigo
que jamás volveré a
pasar hambre. S O

No quiero
pertenecer a
ningún club que
me admita como socio. G M

Soy el más grande. M A

Dios no juega a los dados. A E

Al loro, que no estamos tan mal.
J L

Dadme un punto de apoyo
y moveré el mundo. A ”

(para dudas consulta la página siguiente)

¿RECUERDAS QUIÉN DIJO?

Es un pequeño paso para un hombre ...: **Neil Armstrong**, al pisar por primera vez la superficie de la Luna.

Algo huele a podrido en Dinamarca: **William Shakespeare, *Hamlet*.**

Era la mano de Dios: **Diego Armando Maradona**, después de meter un gol con la mano.

Voy a hacerle una oferta que no podrá rechazar: ***El Padrino***

España va bien: **José María Aznar.**

A Dios pongo por testigo...: **Scarlett O'Hara,** en *Lo que el viento se llevó*.

No quiero pertenecer a ningún club...: **Groucho Marx.**

Soy el más grande: **Cassius Clay/Muhammad Ali.**

Dios no juega a los dados: **Albert Einstein.**

Al loro, que no estamos tan mal: **Joan Laporta,** presidente del Barça.

Dadme un punto de apoyo y moveré el mundo: **Arquímedes.**

El revolucionario que tiene éxito es un hombre de Estado, el que fracasa es un criminal.

ERICH FROMM

Donde hay satisfacción no hay revoluciones.

CONFUCIO

Los que hacen imposible una revolución pacífica harán inevitable una revolución violenta.

JOHN FITZGERALD KENNEDY

Las especies que sobreviven no son las más fuertes, ni las más rápidas, ni las más inteligentes; sino aquellas que se adaptan mejor al cambio.

CHARLES DARWIN

Quien a los 20 años no sea revolucionario no tiene corazón, y quien a los 40 lo siga siendo, no tiene cabeza.

WINSTON CHURCHILL

Nelson Mandela es liberado después de 27 años en prisión.

Alberto Fujimori es elegido presidente de Perú.

Irak invade Kuwait y poco después estalla la primera guerra del Golfo entre una coalición internacional e Irak.

Culmina la reunificación de las dos Alemanias en un solo estado.

Octavio Paz recibe el Premio Nobel de Literatura y Mijaíl Gorbachov el Premio Nobel de la Paz.

Boris Yeltsin es elegido presidente de Rusia y desaparece la URSS.

El desmembramiento de la antigua Yugoslavia dará paso a una década de guerras y matanzas.

El Tratado de Maastricht crea la Unión Europea.

Empieza la emisión de las televisiones privadas en España.

En Chernóbil tiene lugar el peor accidente nuclear de la historia.

La Mafia siciliana asesina al juez Falcone y al fiscal Borselino.

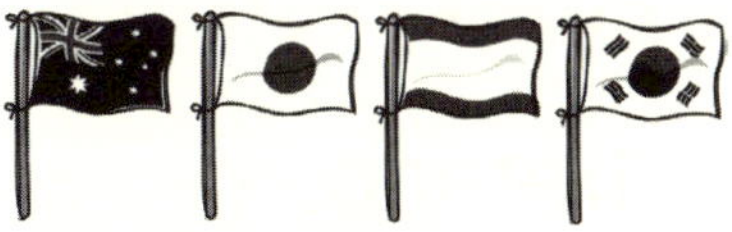

Juegos Olímpicos en Barcelona y Exposición Universal en Sevilla.

Se estrenan *La lista de Schindler*, *El rey león*, *Forrest Gump* y *Pulp Fiction*. *Belle Époque* de Fernando Trueba gana un Óscar.

Rigoberta Menchú recibe el Premio Nobel de la Paz.

Pablo Escobar, capo del cártel de Medellín, cae abatido por la policía.

Luis Roldán, ex director general de la Guardia Civil, se fuga de España.

Levantamiento zapatista en Chiapas, encabezado por el subcomandante Marcos.

Genocidio en Ruanda.

Ayrton Senna muere en un accidente en el GP de San Marino, Imola.

"La educación es el arma más poderosa para cambiar el mundo."

NELSON MANDELA

y YO en aquella época

pega aquí tu foto

aquí estoy con ....

en ....

Mis mejores y peores MOMENTOS

Vaya metedura de pata

Me pillaron

Llegué tarde

Los he sorprendido a todos

Lo hice a pesar de todo

____

____

Perdí una gran ocasión/Aproveché una oportunidad ____________________

____

Quedé estupendamente

____

____

Tres grandes momentos:

1. ____________________________
   ____
2. ____________________________
   ____
3. ____________________________
   ____

¿DÓNDE
estaba yo aquel día,
y qué estaba haciendo
CUANDO...

....Tejero y sus compinches la querían liar?

...los Mundiales del "Naranjito"?

...cayó el Muro de Berlín?

...se inauguraron las Olimpiadas
de Barcelona?

...murió Lady Di ?

...cometieron el atentado contra las Torres
Gemelas de Nueva York ?

¡Qué bueno soy!
(para algunas cosas)

Lo que se me da bien (y lo que no tanto)

	muy mal				muy bien
Cantar	☐	☐	☐	☐	☐
Dibujar	☐	☐	☐	☐	☐
Contar chistes	☐	☐	☐	☐	☐
Bailar	☐	☐	☐	☐	☐
Recordar nombres	☐	☐	☐	☐	☐
Aparcar	☐	☐	☐	☐	☐

	muy mal				muy bien
Buscar regalos					
Silbar					
Hacer bricolaje					
Orientarme					
Inventarme excusas					

CUESTIÓN DE GUSTOS

Me gustan

nada — mucho

Los dulces

Los karaokes

El parte meteorológico

Las rebajas

La sauna

Las telenovelas

Me gustan

nada — mucho

El pescado

Los tíos musculosos/
Las chicas altas

Las comidas raras

El informe bursátil

La ropa extravagante

Los inventos frikis

Los documentales
de la 2

El arte moderno

Isaac Rabin es asesinado por un fanático israelí.

Arantxa Sánchez Vicario alcanza el número uno del mundo.

Se inaugura el parque Port Aventura.

Miguel Indurain gana su quinto Tour de Francia.

Pixar estrena *Toy Story* y revoluciona el cine de animación.

ETA secuestra a Ortega Lara, dando inicio al cautiverio más largo de la banda.

El Partido Popular gana las elecciones generales.

En Gran Bretaña aparecen los primeros casos del mal de las "vacas locas".

Tragedia en un *camping* de Biescas a causa de una avalancha de agua y barro.

ETA secuestra y asesina a Miguel Ángel Blanco.

Se inaugura el Museo Guggenheim de Bilbao.

Se acuerda el protocolo de Kioto sobre el cambio climático.

Lady Di muere en un accidente de tráfico en París.

Se estrenan *Titanic* y *La amenaza fantasma.*

Se funda Google.

Arturo Pérez-Reverte publica la primera aventura del capitán Alatriste.

El Acuerdo de Viernes Santo pone punto final al largo conflicto en Irlanda del Norte.

José Saramago recibe el Premio Nobel de Literatura.

Se inicia el juicio contra Bill Clinton por el "escándalo Lewinsky".

Hugo Chávez toma posesión como presidente de Venezuela.

Nace la oveja Dolly, el primer animal clonado.

La masacre de Columbine revitaliza el debate sobre la posesión de armas en Estados Unidos.

El 31 de diciembre llega a su culminación la paranoia por el "efecto 2000" y por el (falso) final del milenio.

"En este matrimonio éramos tres, demasiada gente."

DIANA SPENCER,
princesa de Gales

Mis recuerdos de los años 90

Trabajo/actividades

Vida en familia

Libros/películas/música

Personas que conocí en esa época

Lo más destacado en mi vida personal

Nada necesita tanto una reforma como las costumbres ajenas.

MARK TWAIN

Al llegar a viejos las costumbres se vuelven tiranías.

GUSTAVE FLAUBERT

El pueblo no es verdaderamente libre mientras la libertad no esté arraigada en sus costumbres e identificada con ellas.

MARIANO JOSÉ DE LARRA

Las malas compañías corrompen las buenas costumbres.

SAN PABLO

Los malos libros provocan malas costumbres y las malas costumbres provocan buenos libros.

RENÉ DESCARTES

Jorobas y manías no las curan los médicos.

REFRÁN CASTELLANO

El loco yerra, pero no miente. Además, tiene la peligrosa manía de decir la verdad.

LEOPOLDO MARÍA PANERO

Nada hay más fuerte que el hábito.

OVIDIO

La única costumbre que hay que enseñar a los niños es que no se sometan a ninguna.

ROUSSEAU

Pensamos según nuestra naturaleza, hablamos conforme a las reglas y obramos de acuerdo con la costumbre.

FRANCIS BACON

El matrimonio debe combatir sin tregua un monstruo que todo lo devora: la costumbre.

HONORÉ DE BALZAC

La excelencia moral es resultado del hábito. Nos volvemos justos realizando actos de justicia; templados, realizando actos de templanza; valientes, realizando actos de valentía.

ARISTÓTELES

Nada agravia tanto a los hombres como ir contra sus ceremonias y costumbres.

MONTESQUIEU

¿Recuerdas quién...

era presidente de Estados Unidos en 1990?
G_______ B_______

marcó el gol de la primera Copa de Europa del Barça?
R_________ K_________

fue el Beatle asesinado en 1990?
J_______ L_________

escribió *El nombre de la rosa*?
U_________ E____

interpretaba a James Bond en *Nunca digas nunca jamás*?
S_______ C_________

ganó la medalla de oro para España en los Juegos Olímpicos de Sapporo?

P______ F_________ O________

diseñó la mascota de los Juegos Olímpicos de Barcelona 1992?

J_______ M__________

se llevó el primer Óscar del cine español?

J____ L____ G_______

expropió Rumasa?

M________ B________

voló sobre el nido del cuco?

J_______ N____________

inventó la perestroika?

M_________ G_____________

(para dudas consulta la página siguiente)

¿RECUERDAS QUIÉN?

George Bush padre era presidente de Estados Unidos en 1990.

Ronald Koeman marcó el gol de la primera Copa de Europa del Barça.

El Beatle asesinado en 1990 fue **John Lennon.**

Umberto Eco escribió *El nombre de la rosa.*

Sean Connery interpretaba a James Bond en *Nunca digas nunca jamás.*

Paco Fernández Ochoa ganó (sorprendentemente) la medalla de oro para España en Sapporo, Japón.

Javier Mariscal diseñó la mascota de los Juegos Olímpicos de Barcelona 1992.

José Luis Garci se llevó el primer Óscar del cine español con la película *Volver a empezar.*

Miguel Boyer expropió Rumasa.

Jack Nicholson voló sobre el nido del cuco.

La perestroika fue el cambio político aperturista en la antigua URSS promovido por **Mijaíl Gorbachov.**

Somos la memoria que tenemos
y la responsabilidad que asumimos,
sin memoria no existimos
y sin responsabilidad quizá
no merezcamos existir.

JOSÉ SARAMAGO

El recuerdo es el único paraíso del cual no podemos ser expulsados.

JEAN PAUL

La vida sería imposible si todo se recordase. El secreto está en saber elegir lo que debe olvidarse.

ROGER MARTIN DU GARD

Nosotros recordamos, naturalmente, lo que nos interesa y porque nos interesa.

JOHN DEWEY

La memoria del corazón elimina los malos recuerdos y magnifica los buenos, y gracias a ese artificio, logramos sobrellevar el pasado.

GABRIEL GARCÍA MÁRQUEZ

Me llevaría a una isla perdida...

el libro

---

para comer cada día

---

la película

---

la música de

---

un cuadro/una fotografía de

como compañero

el juego

¿y qué más?

El “efecto 2000” se diluye sin consecuencias importantes.

Gran Hermano llega a España.

El submarino ruso Kursk se hunde con toda la tripulación a bordo.

Atentado contra las Torres Gemelas en Nueva York.

Sale a la venta el iPod.

Isabel II celebra el 50 aniversario de su subida al trono británico.

Lula da Silva gana las elecciones presidenciales en Brasil.

En 12 países europeos se pone en circulación el euro y desaparecen las monedas nacionales.

El petrolero Prestige se parte en dos frente a las costas gallegas y provoca la “crisis del chapapote”.

El Concorde es retirado definitivamente.

El código Da Vinci de Dan Brown se convierte en un fenómeno mundial.

El transbordador Columbia se desintegra al entrar en la atmósfera y mueren todos sus tripulantes.

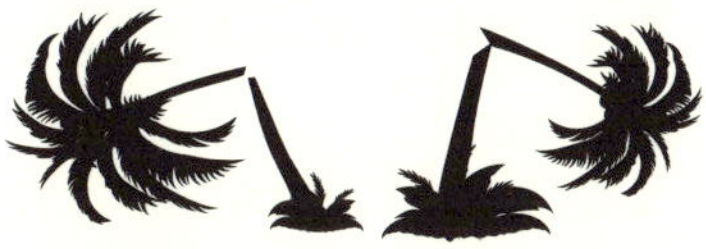

Un tsunami arrasa las costas del Sudeste Asiático.

Inicio de la segunda guerra del Golfo con la excusa de buscar en Irak unas supuestas armas de destrucción masiva.

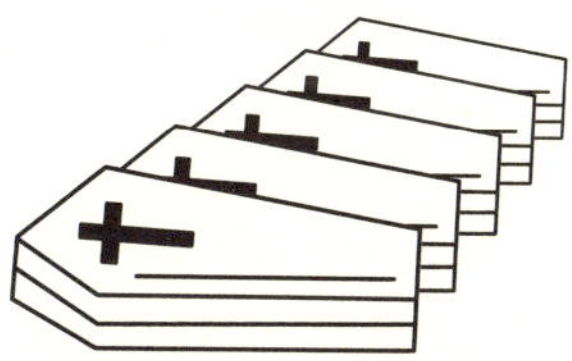

Sadam Huseín cae en manos norteamericanas tras meses de huida.

Atentados del 11-M: bombas colocadas por yihadistas islámicos provocan una matanza en trenes de cercanías de Madrid.

Fernando Alonso se convierte en el primer español y el piloto más joven en ganar un GP de Fórmula 1.

Después de 10 temporadas, se emite el último capítulo de *Friends* y se estrena *Perdidos*.

Mark Zuckerberg funda Facebook.

Fallece Yasser Arafat.

"La ausencia de prueba no es la prueba de la ausencia... Sencillamente porque no tenga pruebas de que algo existe, eso no significa que tenga pruebas de que no existe."

DONALD RUMSFELD,
exsecretario de Defensa de Estados Unidos sobre las armas de destrucción masiva en Irak

y YO en aquella época

pega aquí tu foto

aquí estoy con ....

en ....

Personas importantes
que me he encontrado

en mi vida privada

en mi vida profesional

en un viaje/vacaciones

una persona con la que podría charlar durante horas

alguien famoso que he conocido

a quién me gustaría llegar a conocer

la persona que más me ha influenciado

Dicen  de mí que ...

- suelo exagerar mucho

correcto	un poco	no lo sé	no es verdad

- tengo mucho talento, pero no lo aprovecho

correcto	un poco	no lo sé	no es verdad

- soy celoso

correcto	un poco	no lo sé	no es verdad

- siempre se puede contar conmigo

correcto	un poco	no lo sé	no es verdad

- podría haber llegado más lejos si no fuera tan buena persona

correcto	un poco	no lo sé	no es verdad

- soy demasiado conformista

correcto	un poco	no lo sé	no es verdad

- tengo espíritu joven

correcto	un poco	no lo sé	no es verdad

- siempre encuentro un "pero"

correcto	un poco	no lo sé	no es verdad

- sé disfrutar de las cosas buenas de la vida

correcto	un poco	no lo sé	no es verdad

Los mejores chistes
que recuerdo

de niños

de alumnos y profesores

de maridos y mujeres

de médicos

de famosos

y el mejor de todos

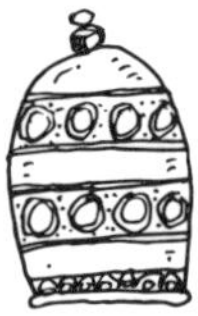

Muere Juan Pablo II y se elige papa al cardenal Joseph Ratzinger, que adopta el nombre de Benedicto XVI.

Atentado múltiple en el metro y los autobuses de Londres.

El huracán Katrina arrasa Nueva Orleans.

Rafa Nadal inicia su espectacular carrera de triunfos ganando su primer Grand Slam: Roland Garros.

Fernando Alonso gana por primera vez el Campeonato del Mundo de Fórmula 1.

Michelle Bachelet gana las elecciones en Chile y se convierte en la primera presidenta del país.

En Bolivia, Evo Morales toma posesión de la presidencia.

Se estrena la serie *Hannah Montana,* que se convertirá en todo un fenómeno juvenil.

España gana por primera vez el Campeonato del Mundo de Baloncesto.

En Portugal desaparece la niña británica Madeleine McCann.

En Sevilla desaparece Marta del Castillo.

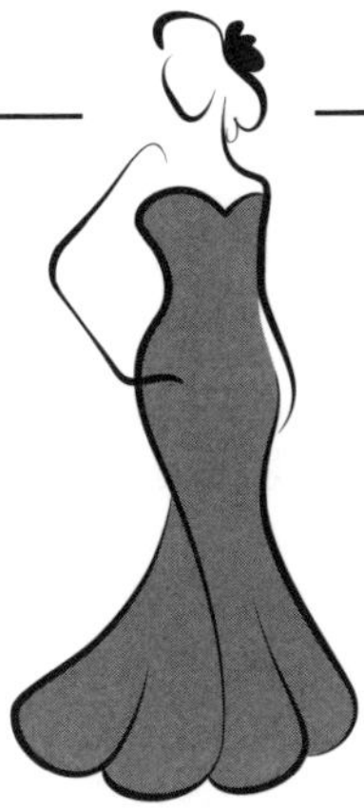

Rocío Jurado muere a causa de un cáncer.

Fallece el exdictador chileno Augusto Pinochet.

Steve Jobs presenta el iPhone.

Las nuevas autoridades iraquíes ejecutan a Sadam Husein.

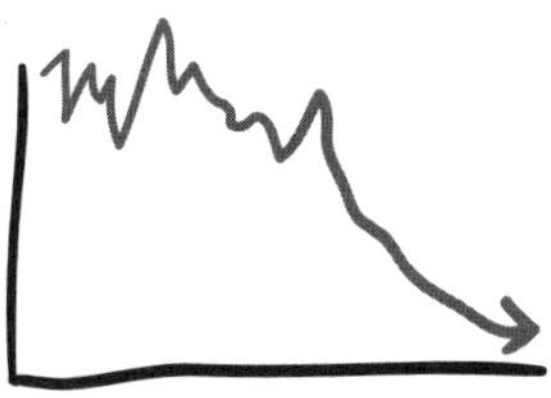

Se inicia en Estados Unidos la crisis financiera mundial.

La selección española gana la Eurocopa de fútbol.

En las elecciones presidenciales de Estados Unidos triunfa Barack Obama, que se convierte en el primer presidente negro.

Muere Michael Jackson.

El FC Barcelona completa un año mágico al ganar las seis competiciones en las que participa.

"Solo se nos recordará si ganamos, si no ganamos, todo esto quedará como una anécdota."

PEP GUARDIOLA

Mis recuerdos de los años 2000

Estudios/trabajo

Actividades/aficiones

Libros que leía

Personas que conocí en esa época

Lo más destacado en mi vida personal

Si pudiera volver atrás en el tiempo, me iría a vivir

a la corte del rey Arturo

SÍ ☐ NO ☐

a la época de los romanos

SÍ ☐ NO ☐

a la California de los años 70

SÍ ☐ NO ☐

a la Florencia del Renacimiento

SÍ ☐ NO ☐

a La Habana de los años 50

SÍ ☐ NO ☐

a los "locos años veinte" en París

SÍ ☐ NO ☐

¿Recuerdas en qué año...

se casó el príncipe Felipe con Letizia? 200_

murió Paquirri? 19_4

se estrenó la película E. T.? 198_

Isabel Preysler se casó con Miguel Boyer? 19_8

pagamos por primera vez el IVA? 1_86

se quemó parte del centro histórico de Lisboa? 19_8

ganó Induráin su primer Tour de Francia? 19_1

Barack Obama ganó las elecciones presidenciales de Estados Unidos? _ _ _8 rescataron a los 33 mineros chilenos? 20_0

se celebraron las Olimpiadas de Los Ángeles? ___4

cayó el Muro de Berlín? 1__9

atentaron contra el papa Juan Pablo II? 1_8_

murió Indira Gandhi? 1_84

Pedro Duque viajó al espacio? 19_8

ocurrió el accidente de Chernóbil? 1_86

desapareció la peseta? 20_2

se acercó el cometa Halley a la Tierra? __86

ganó el Madrid su "décima"? 20__

murió Chanquete? 198_

se presentó el primer iPhone? 20__

(para dudas consulta la página siguiente)

¿RECUERDAS EN QUÉ AÑO?

El príncipe Felipe se casó con Letizia Ortiz el 22 de mayo de **2004.**

Paquirri murió en **1984.**

E.T. se estrenó en **1982.**

Isabel Preysler se casó con Miguel Boyer en **1988.**

Pagamos por primera vez el IVA en **1986.**

El centro histórico de Lisboa se quemó en **1988.**

Indurain ganó su primer Tour de Francia en **1991.**

Barack Obama ganó las elecciones en **2008.**

Rescataron a los 33 mineros chilenos en **2010.**

Las Olimpiadas de Los Ángeles se celebraron en **1984.**

El Muro de Berlín cayó en **1989.**

El atentado contra el papa Juan Pablo II fue en **1981.**

Indira Gandhi murió en **1984.**

Pedro Duque viajó al espacio en **1998.**

El accidente de Chernóbil ocurrió en **1986.**

La peseta desapareció en **2002.**

El cometa Halley se acercó a la Tierra en **1986.**

El Real Madrid ganó su "décima" en **2014.**

Chanquete murió en **1981** (¿o no?).

Steve Jobs presentó el primer iPhone en **2007.**

Lo pasado ha huido, lo que esperas está ausente, pero el presente es tuyo.

PROVERBIO ÁRABE

A veces estamos demasiado dispuestos a creer que el presente es el único estado posible de las cosas.

MARCEL PROUST

No esperes a vivir mañana: vive hoy.

MARCO VALERIO MARCIAL

No existe el presente: lo que así llamamos no es otra cosa que el punto de unión del futuro con el pasado.

MICHEL DE MONTAIGNE

Si el presente es de lucha, el futuro es nuestro.

ERNESTO "CHE" GUEVARA

El futuro nos tortura y el pasado nos encadena. He ahí por qué se nos escapa el presente.

GUSTAVE FLAUBERT

El presente no existe, es un punto entre la ilusión y la añoranza.

LLORENÇ VILLALONGA

La selección española gana por primera vez el Mundial de Fútbol.

Un terremoto devasta Haití y poco después Chile sufre también un terremoto de 8,8.

Se rescata con vida a los 33 mineros chilenos atrapados en una mina.

Jorge Lorenzo gana el Mundial de Moto GP.

La erupción de un volcán en Islandia paraliza parte del tráfico aéreo en Europa.

Wikileaks empieza la filtración de documentos secretos.

Se inicia la Primavera Árabe, que desencadena una serie de revueltas en diversos países del norte de África y Oriente Medio.

Un tsunami arrasa las costas de Japón y provoca una catástrofe nuclear en Fukushima.

La crisis en Grecia pone en peligro a la Unión Europea.

Estados Unidos anuncia la muerte de Osama bin Laden a manos de un comando norteamericano.

Masacre en la isla noruega de Utoya.

Lorca, en Murcia, sufre el terremoto más dañino de la historia reciente de España.

Muere Steve Jobs, fundador de Apple.

ETA anuncia el cese definitivo de la violencia, aunque no se disuelve.

Estalla el "caso Urdangarín".

Naufragio del crucero Costa Concordia.

Se inicia el movimiento del 15-M contra los recortes.

No se produce el supuesto fin del mundo profetizado por el calendario maya.

El papa Benedicto XVI anuncia su renuncia al cargo; le sucederá Francisco I, el primer papa latinoamericano.

Atentado con bomba durante la maratón de Boston.

Publicación de las denuncias de Edward Snowden contra el espionaje estadounidense.

Tragedia al descarrilar un tren Alvia a la entrada de Santiago de Compostela.

Las tensiones entre proeuropeístas y prorrusos en Ucrania llevan al país al borde de la guerra civil.

Muere Gabriel García Márquez.

Abdica Juan Carlos I; le sucede su hijo, que reinará como Felipe VI.

"He decidido poner fin a mi reinado y abdicar de la corona de España."

JUAN CARLOS I

y YO ahora

Consejos,

recomendaciones y advertencias que me han ayudado

El mejor consejo que me dio

mi padre/madre/padrino...

un amigo

un desconocido

un profesor

un personaje de
un libro/un autor

Una advertencia de la que debería haber hecho caso y no lo hice

A mí me sobran:

(Concede tu papelera de oro particular a tres de ellos)

— Programas de fútbol.

— Primas de riesgo y banqueros que no sabían nada.

— Anuncios de seguros de coche.

— Concursos de cantantes.

— Promesas electorales que no se cumplen.

— Gente que tira basura al suelo como si no se dieran cuenta.

— Llamadas preguntando por el titular de la línea.

— Reporteros que creen que sus relatos son más creíbles si se meten en un charco cuando hay inundaciones.

— Jefes que siempre tienen que tener la razón.

— Debates que solo sirven para que los participantes se insulten a gritos.

— Religiones que sirven de excusa para matar a personas.

— Personas que cuentan sus desgracias en la tele para cobrar cuatro duros (cinco si lloran).

— ____________________________________

____

— ____________________________________

____

Un viaje de mil millas comienza con el primer paso.

LAO-TSÉ

Se viaja no para buscar el destino sino para huir de donde se parte.

MIGUEL DE UNAMUNO

El que no sale nunca de su tierra está lleno de prejuicios.

CARLO GOLDONI

El viaje más largo es el viaje interior.

DAG HAMMARSKJÖLD

Yo no viajo para ir a alguna parte, sino por ir. Por el hecho de viajar. La cuestión es moverse.

ROBERT LOUIS STEVENSON

He descubierto que no hay forma más segura de saber si amas u odias a alguien que hacer un viaje con él.

MARK TWAIN

Viajar es una buena forma de aprender y de superar miedos.

LUIS ROJAS MARCOS

El que emplea demasiado tiempo en viajar acaba por tornarse extranjero en su propio país.

RENÉ DESCARTES

Un viaje es una nueva vida, con un nacimiento, un crecimiento y una muerte, que nos es ofrecida en el interior de la otra. Aprovechémoslo.

PAUL MORAND

Viajar es imprescindible y la sed de viaje, un síntoma neto de inteligencia.

ENRIQUE JARDIEL PONCELA

El hombre no avanza nunca tan seguro como cuando no sabe adónde va.

OLIVER CROMWELL

Lo mejor de los viajes es lo de antes y lo de después.

MAURICE MAETERLINCK

No me lo pienso perder

Los sitios donde tengo que ir

(solo vale marcar 5, pero puedes añadir otros)

Qué será, será

No todo lo pasado es mejor, no todo lo que viene será malo

Me imagino un futuro en el que

cuente el valor de las personas, no el de las banderas que llevan

no nos dé miedo llegar a ser mayores

los niños aprendan lo que es un glaciar en clase de geografía (no en la de historia)

se hable de crisis como una época del pasado

ni la salud ni la educación se vean como negocios

(apunta tus deseos para el futuro)

Cosas importantes
que tengo que hacer

Para mi familia

Para mi salud

En la vivienda

En mi trabajo

Para mí mismo/mis aficiones

Un concierto/espectáculo que quiero presenciar

Una exposición/un monumento que quisiera ir a ver

Un libro que quiero leer

Algo que quiero aprender

Una persona que quiero volver a ver

Cuestión de proponérselo

A estas alturas **me veo capaz** de

subir al Mont Blanc

claro que sí	tal vez	ni hablar
☐	☐	☐

presentarme a un concurso de TV

seguro	quizás	mejor que no
☐	☐	☐

aprender otro idioma

sí, sí, sí	puede que sí	imposible
☐	☐	☐

preparar una tarta Sacher

seguro ☐ tal vez ☐ mejor que no ☐

saltar en paracaídas

qué ganas ☐ puede que sí ☐ nunca ☐

ganar a un joven en un videojuego

fácilmente ☐ quizás ☐ más vale ni probar ☐

Juntar dinero, dejar de fumar,
vivir con más tranquilidad,
ordenar viejos archivos...
todos tenemos retos grandes y
pequeños que queremos alcanzar.

Márcate

TRES RETOS

personales

y apunta una fecha en la que
quieres haberlos conseguido.

Reto 1

lo conseguiré antes de...

Reto 2

lo conseguiré antes de...

Reto 3

lo conseguiré antes de...

No hay cosa más fácil que dar consejo ni más difícil que saberlo tomar.

LOPE DE VEGA

Es necesario tener tanta discreción para dar consejos como docilidad para recibirlos.

FRANÇOIS DE LA ROCHEFOUCAULD

El consejo dado a un necio es como perlas arrojadas al muladar.

ESOPO

Pídeles consejos a los viejos y a los jóvenes, pero sigue tu propio sentido común.

PROVERBIO ÁRABE

No le des nunca consejos al que te pida dinero.

PEDRO CALDERÓN DE LA BARCA

El consejo, bueno es; pero creo que es de las medicinas que menos se gastan y se gustan.

FRANCISCO DE QUEVEDO

Es más fácil dar consejos que sufrir con fortaleza la adversidad.

EURÍPIDES DE SALAMINA

Escuchad el consejo del que mucho sabe; pero sobre todo escuchad el consejo de quien mucho os ama.

ARTURO GRAF

Siempre traspaso los buenos consejos que me dan. Es para lo único que sirven.

OSCAR WILDE

No hay consejo más leal que aquel que se da desde una nave en peligro.

LEONARDO DA VINCI

Ninguna cosa hay tan difícil como el arte de hacer agradable un buen consejo.

JOSEPH ADDISON

Pide prudente consejo a los dos tiempos: al antiguo, sobre lo que es mejor; al moderno, sobre lo que es más oportuno.

FRANCIS BACON

El aconsejar es un oficio tan común que lo usan muchos y lo saben hacer muy pocos.

FRAY ANTONIO DE GUEVARA

... y finalmente,
me voy a dar
un consejo a mí mismo:

Primera edición en esta colección: noviembre de 2014

Plataforma Editorial
c/ Muntaner, 269 Entlo. 1ª - 08021 Barcelona
Tel.: (+34) 93 494 79 99 - Fax: (+34) 93 419 23 14
www.plataformaeditorial.com
info@plataformaeditorial.com

Depósito legal: B. 23.084-2014
ISBN: 978-84-16256-13-6
IBIC: YB

Printed in Spain - Impreso en España

Idea y realización: winWinDesign
Ilustraciones de la cubierta: Carlos Cubeiro
Viñetas: Shutterstock

El papel que se ha utilizado para imprimir este libro proviene
de explotaciones forestales controladas, donde se respetan
los valores ecológicos, sociales y el desarrollo sostenible del bosque.

Impresión:
Liberdúplex
Sant Llorenç d'Hortons (Barcelona)